¿Ya lo sabías?

por Mara Mahía

Scott Foresman
is an imprint of

PEARSON

Glenview, Illinois • Boston, Massachusetts • Chandler, Arizona
Upper Saddle River, New Jersey

Illustrations **5, 8** Jonathan Massie; **6** John Lambert

Photographs
Every effort has been made to secure permission and provide appropriate credit for photographic material. The publisher deeply regrets any omission and pledges to correct errors called to its attention in subsequent editions.

Unless otherwise acknowledged, all photographs are the property of Pearson Education, Inc.

Photo locators denoted as follows: Top (T), Center (C), Bottom (B), Left (L), Right (R), Background (Bkgd)

CVR (T) ©Petra Wegner/Alamy; (C) ©Design Pics Inc./Alamy; (B) © Michel Gounot/ Godong/Corbis; **1** (B) ©Design Pics Inc./Alamy; **3** (B)(TR) © Yva Momatiuk/John Eastcott/ Minden Pictures/Getty Images; **4** (BL) ©Petra Wegner/Alamy; **5** (TC) © GeoStock/ Photodisc/Getty Images; **6** (B) © Michel Gounot/Godong/Corbis; **7** (B) ©Design Pics Inc./ Alamy; **9** (CR) Getty Images; (BR) © Arco Images GmbH/Alamy Images; **10** (CL) ©Charles Melton/Visuals Unlimited; (BR) ©Brad Mogen/Visuals Unlimited; **11** (TR) DK Images; (BR) ©Brad Mogen/Visuals Unlimited; (BR) ©Dick Scott/Visuals Unlimited

ISBN 13: 978-0-328-53541-5
ISBN 10:   0-328-53541-9

Copyright © by Pearson Education, Inc., or its affiliates. All rights reserved. Printed in the United States of America. This publication is protected by copyright, and permission should be obtained from the publisher prior to any prohibited reproduction, storage in a retrieval system, or transmission in any form or by any means, electronic, mechanical, photocopying, recording, or likewise. For information regarding permissions, write to Pearson Curriculum Rights & Permissions, One Lake Street, Upper Saddle River, New Jersey 07458.

Pearson® is a trademark, in the U.S. and/or other countries, of Pearson plc or its affiliates.

Scott Foresman® is a trademark, in the U.S. and/or other countries, of Pearson Education, Inc., or its affiliates.

2 3 4 5 6 7 8 9 10 V0N4 13 12 11 10

No hay dos nubes iguales

No todas las nubes son iguales. Hay varios tipos de nubes y cada una trae un tiempo diferente. Por ejemplo, las nubes cirro son blancas y tan ligeras que parecen plumas.

▼ Las nubes cirro

Cuando las nubes cúmulo son blancas y pequeñas, la gente se alegra porque hace buen tiempo. Se parecen a montañas nevadas. Pero a veces, cuando hay humedad en el aire, las "montañas cúmulo" se hacen más grandes y oscuras, y pueden causar una tormenta.

Las nubes estrato se llaman así porque parecen colocadas en capas. Se ven como la niebla.

Si aparecen durante la madrugada, en primavera o a principios del verano, habrá buen tiempo. Algunas nubes son grises o negras, dependiendo del agua que contengan. ¡Todas las nubes van cargadas de gotas de lluvia!

Las nubes estrato

Las nubes cúmulo

nubes cirro

nubes estrato

nubes cúmulo

Nubes altas 6,000m – o más

Nubes medianas 2,000m – 6,000m

Nubes bajas 0 – 2,000m

5

¿Cómo se forma un arco iris?

Un arco iris se forma con las gotas de lluvia y los rayos del sol. Cuando los rayos del sol atraviesan las gotas de lluvia, nace un arco iris. La luz del sol está compuesta de todos los colores. Cuando entra en las gotas de lluvia, los colores se separan. Las gotas reflejan los colores y entonces ¡vemos un arco iris!

la luz entra

la luz se refracta y separa en colores

gota de agua

¿Por qué hacen miel las abejas?

Las abejas no hibernan. No pasan el invierno durmiendo. Por eso necesitan tener mucha miel para sobrevivir cuando hace frío y no hay flores. Las abejas hacen su miel del néctar, un líquido dulce que hay en la flor.

Las abejas y las flores viven en el mismo **ecosistema**. Cuando la abeja ha chupado mucho néctar, regresa al panal, donde lo expulsa en una de las celdas. ¡Una abeja puede visitar entre 100 y 1,500 flores antes de llenar su estómago de miel!

¿Adónde van las aves cuando llega el invierno?

Cuando llega el invierno, muchas aves no soportan el frío. Se tienen que ir o migrar a otros lugares con un **clima** más cálido. Cada año millones de aves vuelan al hemisferio sur, a un **manglar** tropical o a sus hogares de primavera y verano.

Desde el interior migran al **litoral**, y desde el frío al calor. Algunas cruzan dos y hasta tres continentes.

Hay aves que migran grandes distancias y otras que viajan distancias más cortas. Estos animales **ovíparos** hacen sus nidos en otro sitio más caliente. La **fauna** de estos lugares, cambia cada año.

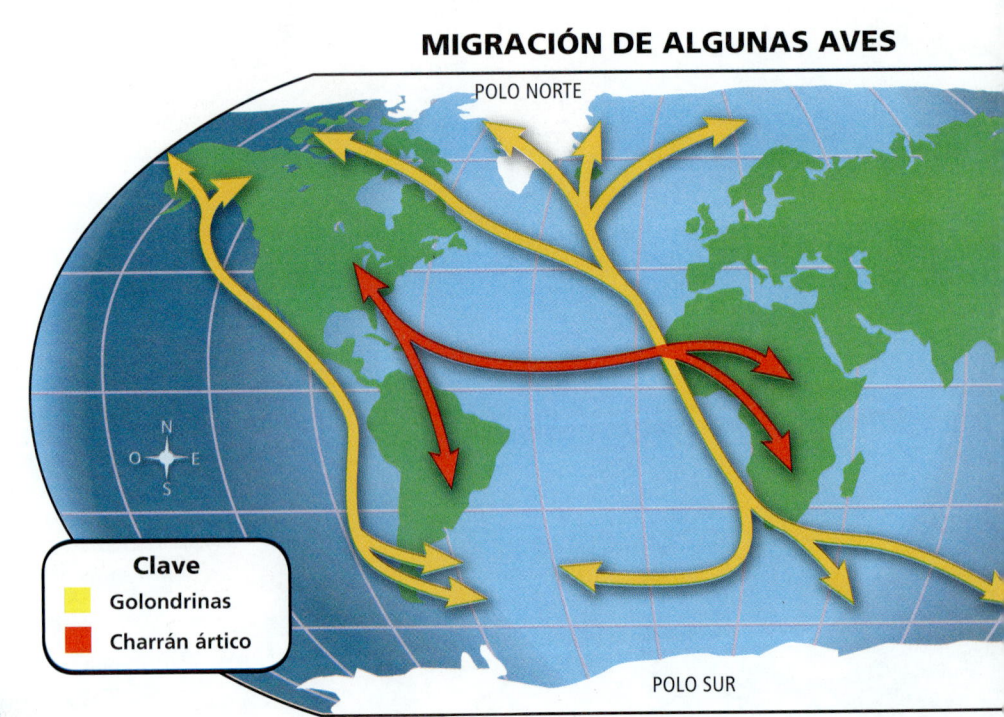

MIGRACIÓN DE ALGUNAS AVES

POLO NORTE

POLO SUR

Clave
- Golondrinas
- Charrán ártico

Las golondrinas migran grandes distancias. En verano viven en el continente europeo o en América del Norte. Estas aves pasan el invierno en el sur, en América del Sur o en África. El campeón de viajes de larga distancia se llama charrán ártico. Estas aves **silvestres** migran desde el Ártico hasta la Antártida, es decir, desde el Polo Norte al Polo Sur. En total recorren 40,000 kilómetros cada año.

▶ Charrán ártico

▼ Golondrinas

¿Cómo nace una mariposa?

Existen 130,000 especies de mariposas en el mundo. Sus colores, tamaños y formas son diferentes. Pero todas son insectos y, como la mayoría de los insectos, ponen huevecillos. Para nacer, los huevecillos de mariposa pasan por una transformación llamada metamorfosis. De los 15,000 a 20,000 huevecillos que pone una mariposa, salen las orugas. Las orugas pasan tres semanas comiendo **nutrientes** de las plantas hasta convertirse en crisálidas.

Las crisálidas están envueltas en un capullo que hacen ellas mismas. Normalmente se esconden debajo de las hojas. Así, camufladas, están a salvo mientras crecen ¡hasta convertirse en mariposa!

◀ **Huevo**
Este es un primer plano de un huevo muy pequeño.

▼ **Oruga**
La larva de la mariposa se llama oruga.

▶ **Mariposa**
Una mariposa adulta pone sus huevos.

▶ **Sale la mariposa**
La mariposa adulta sale de la crisálida.

◀ **Crisálida**
Dentro de una dura envoltura cambia el cuerpo de la larva.

Glosario

clima *s.m.* Conjunto de fenómenos meteorológicos que caracterizan una región.

ecosistemas *s.m.* Comunidad de seres vivos que se relacionan entre sí y se desarrollan en un mismo ambiente.

fauna *s.f.* Conjunto de los animales de un país o región.

litoral *s.m.* Costa de un mar, país o territorio.

manglar *s.m.* Terreno que las mareas cubren de agua en la zona tropical.

nutrientes *s.m.* Sustancias contenidas en los alimentos que cumplen diversas funciones en el organismo.

ovíparos *adj.* Se dice de los animales que ponen huevos antes o después de la fecundación.

silvestres *adj.* Que crecen o se crían espontáneamente, sin cultivo, en bosques o campos.